LETTRE PASTORALE

ET MANDEMENT

DE

MGR L'ÉVÊQUE DE BAYEUX

ET LISIEUX

A L'OCCASION DE SON ARRIVÉE DANS SON DIOCÈSE

PARIS

IMPRIMERIE ET LIBRAIRIE D'EUGÈNE BELIN

RUE DE VAUGIRARD, 52

—

1867

N° 1.

SAINT-CLOUD. — IMPRIMERIE DE Mme Ve BELIN.

LETTRE PASTORALE

MGR L'ÉVÊQUE DE BAYEUX

ET LISIEUX

A L'OCCASION DE SON ARRIVÉE DANS SON DIOCÈSE

Flavien HUGONIN, par la miséricorde divine et la grâce du Saint-Siége Apostolique, Évêque de Bayeux et Lisieux ;

Au Clergé et aux Fidèles de notre diocèse, salut et bénédiction en Notre-Seigneur Jésus-Christ.

Nos Très-Chers Frères,

Il y a peu de temps, nous n'étions pour vous qu'un étranger ; et aujourd'hui, l'émotion que nous éprouvons en traçant ces premières lignes, nous avertit que des relations intimes nous unissent à vous.

Que s'est-il donc passé ? Quel changement s'est opéré en nous ?

Quelle main a formé, à distance, ces liens nouveaux? Hier nous étions simple prêtre; aujourd'hui nous sommes Évêque, et nous le sommes pour vous : car le Saint-Père nous avait donné juridiction sur votre diocèse, avant que les mains d'un Pontife vénéré nous eussent communiqué la plénitude du sacerdoce dans la consécration épiscopale.

C'est donc bien pour vous que cette consécration nous a été donnée; c'est pour vous que nous avons reçu le pouvoir de bénir, de sanctifier et de consacrer à notre tour. Aussi, dans le moment solennel où les Évêques nous imposaient les mains; lorsqu'ils invoquaient, avec la foule pieuse, les apôtres, les martyrs, les confesseurs et les vierges, comme pour associer, dans la grande œuvre qu'ils accomplissaient, l'Église du ciel et l'Église de la terre, vous étiez présents à notre pensée, et nous suppliions N.-S. J.-C. de nous faire la grâce d'user largement des dons qui nous étaient si libéralement accordés pour le salut de vos âmes.

Mais la dignité épiscopale que nous avons reçue pour vous avec ses obligations et sa responsabilité redoutable, ne devient-elle pas le couronnement de notre vie et le but principal de notre existence sur la terre? Ne devons-nous pas la regarder comme la tâche qui nous a été imposée par la Providence, et dont l'accomplissement décidera notre éternité? Toutes les années qui se sont écoulées pour nous, jusqu'à ce jour, ont-elles été autre chose, dans ses desseins, qu'une préparation au ministère qui vient de nous être confié?

C'est donc pour vous que nous avons travaillé jusqu'ici; c'est pour vous que Dieu s'est montré si libéral à notre égard. Ses desseins nous étaient cachés; il nous les manifeste aujourd'hui, et nous aimons à nous rappeler sa conduite dans le passé, pour nous affermir dans la résolution d'accomplir, avec générosité, les obligations qu'il nous impose pour l'avenir.

Oui, N. T.-C. F., c'est pour vous qu'il nous arracha, jeune encore et sans expérience, à notre pays et à notre famille; c'est pour vous qu'il nous conduisit, comme par la main, au petit séminaire de Paris; c'est pour vous qu'il nous plaça sous la direction de ce maître illustre qui aima tant la jeunesse et qui en fut si tendrement aimé, parce que nul ne lui fut plus sincèrement dévoué, et ne connut mieux l'art difficile d'exciter en elle un saint enthousiasme pour tout ce qui élève et fortifie les âmes. L'Église catholique conservera le souvenir des œuvres et des combats de son glorieux épiscopat; pour nous, nous nous souviendrons toujours, avec reconnaissance, de la puissante et salutaire influence qu'il exerçait sur notre âme avec le concours des maîtres qui partageaient son dévouement et qui partageront notre éternelle gratitude.

C'est pour vous que Dieu nous avait préparé, au séminaire de Saint-Sulpice, ces Prêtres respectables dont vous connaissez les vertus solides et modestes, et que nous serons heureux de retrouver au milieu de vous; ces prêtres qui, par leurs exemples aussi bien que par leurs leçons, perpétuent dans le clergé français les habitudes de respect, l'amour de la discipline ecclésiastique, le zèle pour la gloire de Dieu et le salut des âmes, l'esprit sacerdotal, en un mot; ces prêtres, enfin, qui furent nos pères à tous, et qui sont, par leur vie et par leurs œuvres, une des gloires les plus pures de l'Eglise de France.

Pourrions-nous oublier l'École des Carmes qui nous est si chère et à tant de titres? Fondée par un pontife martyr sur un sol arrosé du sang des martyrs, deux fois encouragée par la bénédiction paternelle du Souverain Pontife, et enrichie par lui des grâces spirituelles les plus précieuses, adoptée comme école Normale métropolitaine par la Province de Paris au concile de 1845, honorée de la confiance d'un grand nombre d'Évêques de France, malgré des difficultés sans nombre que nul n'a mieux connues que nous, elle n'a pas failli à sa mission : elle peut se réjouir d'avoir formé plus de cent maîtres habiles et dévoués pour les petits séminaires et pour les institutions ecclésiastiques libres, et d'avoir donné quatre Évêques à l'Église. L'école préparatoire, qui s'est élevée à son ombre, est noblement représentée dans les carrières libérales, dans la vaillante armée française et dans les rangs des généreux défenseurs du Souverain Pontife. Nous ne quitterons pas cette chère maison des Carmes, sans éprouver un douloureux déchirement, et sans faire pour sa prospérité les vœux les plus sincères et les plus ardents. Dieu sait combien nous avions désiré ne nous en séparer jamais. Les liens qui nous unissent à vous, N. T.-C. F., seront un motif de plus pour que nous lui conservions notre affectueux dévouement, puisque c'est en nous associant à ces travaux que la Providence nous préparait à l'apostolat que nous devons exercer au milieu de vous.

Elle nous y préparait encore en nous faisant prendre part à l'enseignement théologique de la Sorbonne, dont le savant doyen s'efforce, non sans succès, avec le concours des prêtres distingués qui furent nos bien-aimés collègues, de restaurer la renommée séculaire.

Elle nous y préparait en nous confiant un pieux ministère auprès des reliques de la Patronne de Paris, au milieu de fidèles qui nous ont rendu si facile l'accomplissement de nos devoirs. Nous emporterons le souvenir impérissable et de ces grandes solennités, pendant lesquelles les flots de la multitude se pressaient sous les voûtes de la magnifique église de Sainte-Geneviève, et de ces réunions plus modestes où il nous était permis de parler sans contrainte le langage de la piété, parce que nous savions qu'il était toujours compris.

Enfin, N. T.-C. F., la Providence nous préparait à la mission que nous allons remplir parmi vous par les exemples de toutes les vertus sacerdotales. Nous avons pu les étudier, et nous les avons souvent admirées dans les vénérables archevêques de Paris, Mgr Affre, Mgr Sibour, Son Eminence le cardinal Morlot, et leur digne successeur, Mgr Darboy, et dans l'illustre clergé de la Capitale auquel nous sommes fier d'avoir appartenu.

Tous ces souvenirs, qui nous émeuvent comme les images d'un

passé qui s'enfuit, en nous révélant les desseins de Dieu sur nous, nous font connaître une obligation rigoureuse qu'il nous sera doux d'accomplir : l'obligation de nous associer à ces desseins, en vous consacrant tout ce que nous avons recueilli jusqu'à ce jour, tout ce que nous possédons de force et d'activité, en un mot, en vivant pour vous, non plus sans le savoir, mais avec cette conscience du devoir et cette liberté qui inspirent et règlent le dévouement.

II.

Nous sommes donc votre Evêque, N. T.-C. F. Mais qu'est-ce que la dignité de l'Evêque, sinon la plénitude du sacerdoce, comme le souverain pontificat en est la royauté ? C'est en méditant cette pensée que nous comprenons mieux encore combien sont désormais intimes les relations qui nous unissent à vous.

Et, en effet, pour nous, catholiques, qui croyons à l'existence d'une vie surnaturelle, qui savons que cette vie est une participation de la nature divine (1), que celui qui la possède est, en un sens très-réel, enfant de Dieu ; pour nous, le prêtre n'est pas un délégué du peuple dépourvu de caractère surnaturel, sans autorité reçue d'en haut et n'ayant d'autre mission que de présider à la Prière publique ou d'interpréter à sa manière les enseignements des Saints Livres ; il n'est pas un simple philosophe, c'est-à-dire un homme qui féconde sa pensée par des méditations assidues, qui aime la vérité avec passion, qui la cherche avec ardeur et qui la propage avec zèle ; le prêtre agit plus efficacement sur les âmes : il les purifie, il les sanctifie, il les engendre à la vie surnaturelle qui fait le chrétien ; il est vraiment Père.

C'est pourquoi, si le sacerdoce n'exclut pas la science, la science ne constitue pas le sacerdoce ; elle peut lui prêter un concours utile ; seule, elle ne le supplée jamais. Le prêtre n'exerce son ministère ni

(1) Divinæ consortes naturæ (2, Saint Pierre, I, 4).

en vertu de la supériorité de son génie, ni au nom des princes, ni au nom des peuples, mais comme ministre de J.-C. et envoyé par lui (1).

Nous aimerions à vous donner, sur le sacerdoce catholique, les grands enseignements de la foi dont l'étude nous fortifie et nous console. Nous vous le montrerions divin dans son origine, surnaturel dans ses effets, et en même temps unique comme le christianisme, remplissant le temps et l'espace par son action puissante.

Il est divin dans son origine et surnaturel dans ses effets; car le Pontife suprême qui le possède en vertu de sa nature, et qui en remplit les fonctions avec une parfaite indépendance, est le Verbe éternel de Dieu régénérant et sanctifiant notre humanité, l'unissant d'une union ineffable à sa divine personne, et l'associant, par cette union, à la vie de Dieu; c'est le Verbe fait chair, c'est-à-dire Jésus-Christ, propageant cette vie divine parmi les hommes, prêchant l'Évangile aux pauvres, guérissant les malades, pardonnant aux pécheurs et bénissant les enfants; c'est Jésus-Christ offrant sur la croix le grand sacrifice de l'expiation, apaisant la justice de son Père, intercédant pour nous auprès de lui dans le ciel et dans nos tabernacles.

Il est unique dans la multiplicité des prêtres qui en sont revêtus: car tous sont associés, par J.-C., au sacerdoce unique dont il est le chef. Et, en effet, Jésus-Christ, Pontife suprême, a voulu, par une admirable condescendance et pour honorer les hommes, prendre parmi eux des coopérateurs; il les sépare de la foule, par une vocation gratuite; il les marque d'un caractère indélébile, il leur donne le privilége de perpétuer, en le renouvelant, le sacrifice eucharistique qui est le même que celui de la croix; il leur communique le pouvoir de déposer dans les âmes, par l'initiation mystique du saint baptême, le germe de la vie surnaturelle et de le féconder; de développer, de réparer et de diriger l'activité dont il est le principe.

C'est par tous ces ministères que le sacerdoce est une véritable paternité et une véritable royauté; et parce que tous les prêtres par-

(1) Saint Mathieu, XXVIII, 18.

ticipent au même sacerdoce, il n'y a, dans l'ordre surnaturel, qu'une paternité, qu'une royauté : tous les chrétiens sont enfants d'un même père, frères d'une même famille, membres d'une même société, citoyens d'une même cité.

C'est l'unité du sacerdoce catholique qui constitue l'unité vivante de l'Église.

C'est la puissance surnaturelle du sacerdoce qui est la force invincible de l'Église.

C'est l'action surnaturelle du sacerdoce catholique sur les âmes, qui est le titre principal du droit que l'Église possède de les gouverner et dont elle réclame le libre exercice.

Ce sacerdoce divin dans son origine, surnaturel dans ses effets, unique dans son existence, paternité et royauté tout ensemble, nous l'avons reçu avec plus d'abondance dans notre consécration épiscopale, et il a formé entre vous et nous ces liens si doux et si forts, qui font de plusieurs personnes les membres d'une même famille.

Il est vrai, N. T.-C. F., que nous n'avons pas encore exercé parmi vous la puissance sacerdotale; nous n'avons rien fait pour vous. Ce n'est pas nous qui vous avons annoncé l'Évangile et qui vous avons communiqué la foi qui vous éclaire et la vie surnaturelle qui vous anime. Et pourtant, nous vous le disions en commençant, nous ne sommes plus pour vous un étranger. Votre beau pays nous était à peu près inconnu, et nous le regardons déjà comme une nouvelle patrie; nous avons toujours vécu loin de vous, et nous venons à vous comme un père vient, après une longue absence, au milieu d'une famille tendrement aimée; et le sens chrétien que la foi produit en vous, vous amènera au-devant de nous comme des enfants au-devant de leur père, et notre rencontre sera heureuse et cordiale; le sacerdoce rapprochera nos esprits et nos cœurs.

C'est qu'en succédant à vos Pères dans la foi, nous héritons des fruits de leur apostolat et de leur paternité, aussi bien que de leur autorité et de leur sollicitude.

1..

Puissions-nous remplir au milieu de vous leur ministère sacerdotal, qui est devenu le nôtre, comme l'a fait notre vénérable prédécesseur, Monseigneur Didiot, de sainte mémoire. Puissions-nous l'i-
miter dans sa piété si éclairée, dans son zèle si pur, dans la sagesse
de ses conseils, dans la modération de sa conduite et dans son dévouement au Saint-Siége. Puissiez-vous retrouver en nous le Père
que vous avez perdu. Vous demanderez à Dieu, seul maître de
tous les dons, qu'il nous fasse participer aux vertus sacerdotales de
ce pieux prélat, en même temps qu'il nous transmet son autorité
pastorale.

III.

Il nous est facile, N. T.-C. F., de vous dire maintenant pourquoi
nous venons à vous, avec quelles pensées, avec quelles intentions, et
quel est l'objet de notre mission au milieu de vous. Nous venons à
vous comme Évêque et uniquement pour exercer sur vous le sacerdoce de N.-S. J.-C., sacerdoce pacifique, établi pour le salut de
tous sans distinction, ni de riche ni de pauvre ; ni de savant ni
d'ignorant. Le bon pasteur se doit également à tous ; s'il veille avec
sollicitude sur la brebis fidèle et la défend avec courage, il poursuit
avec anxiété la brebis infidèle et la ramène au bercail avec une joie
triomphante. Notre ministère nous élève au-dessus de tout ce qui
peut diviser les hommes. Nous devons tolérer les opinions que
l'Église tolère, combattre les doctrines dangereuses qu'elle con-
damne ; mais aimer de la charité la plus ardente toutes les âmes
confiées à notre sollicitude pastorale, et conserver cette indépendance nécessaire pour que nous puissions être, comme le grand
apôtre, *tout à tous*.

Et ne croyez pas, N. T.-C. F., qu'en nous renfermant dans
l'exercice des fonctions de notre ministère, nous diminuions son
importance ; qu'en nous occupant surtout de vos intérêts éternels,

nous demeurions insensible à vos intérêts temporels, qu'en agissant comme Évêque, nous cessions d'agir comme citoyen, et que nous étouffions dans nos cœurs l'amour si légitime de la patrie. Oui, nous devons tous aimer notre patrie; mais, chacun la sert selon sa vocation: la nôtre est de la servir comme Évêque, c'est-à-dire en conservant et en répandant la connaissance et la pratique de la religion chrétienne.

Est-ce que la religion serait inutile à la prospérité de l'État? Est-ce que l'Eglise a régénéré la vieille société païenne, qui tombait en ruine, en rédigeant des constitutions ou en dictant des codes civils? Elle ne rédige pas des constitutions, mais elle fait pratiquer la justice, elle inspire la charité, le respect et le dévouement sans lesquels les meilleures constitutions n'ont qu'une influence médiocre sur la destinée des peuples. Elle ne dicte pas des lois civiles, mais elle forme les mœurs; elle ne provoque pas, elle n'empêche pas les transformations qui se succèdent dans la société, comme dans toute organisation vivante et progressive, mais elle les modère et les dirige en les pénétrant de son esprit, qui est un esprit de justice et de charité, et qui donne une si grande supériorité à la civilisation chrétienne. Elle travaille au progrès des nations en perfectionnant les âmes, en purifiant les consciences, en élevant les esprits par la poursuite infatigable d'une fin sublime, qui les stimule sans cesse, et qui ne leur permet jamais de se ralentir dans la pratique des vertus.

Oui, l'Eglise n'a pas la prétention de diriger la politique, de régler les rapports des peuples entre eux, ou des gouvernements avec leurs sujets; elle protége la loi morale et religieuse, elle prête aux puissances qui le réclament le concours de sa sagesse, et elle agit ainsi plus efficacement pour le perfectionnement et le bonheur des peuples que les politiques et les législateurs. Et cette puissance doit grandir encore à notre époque; car, aujourd'hui plus que jamais, les mœurs publiques doivent exercer une influence décisive sur les gouvernements, parce que, aujourd'hui plus que jamais, les gouvernements sortent des entrailles de la société, qui les fait à son image.

Quand l'Église, N. T.-C. F., s'est employée avec une admirable activité à sanctifier ses enfants, sa tâche n'est pas terminée. Voyez le cultivateur; il trace péniblement le sillon où il dépose la semence; il faut ensuite que la pluie du ciel et que les rayons du soleil viennent la féconder. Symbole frappant de la grâce. L'Église ne la fait pas jaillir des âmes en les fouillant jusque dans leurs plus mystérieuses profondeurs, parce que la grâce n'est pas un fruit de la nature, mais un don gratuit du ciel. C'est pourquoi, après avoir labouré et jeté la semence, elle se recueille, et demande à Dieu de la faire germer; en un mot, elle prie. La prière est un de ses devoirs les plus essentiels; c'est un repos au milieu des travaux de l'apostolat, mais un repos qui n'est point stérile.

Voilà, N. T.-C. F., l'exemple que nous devons nous efforcer d'imiter; ce que l'Église fait dans le monde, nous devons le faire au milieu de vous. Notre devoir comme Evêque, c'est d'exercer comme elle le sacerdoce de N. S. J.-C., et par le ministère extérieur dans lequel l'âme se dépense et s'affaiblit toujours, et par la prière solitaire dans laquelle elle se retrempe et se fortifie pour de nouveaux labeurs.

Oui, N. T.-C. F., nous ne croirons pas avoir satisfait à nos obligations, lorsque nous aurons parcouru en les bénissant vos villes et vos campagnes, marqué vos enfants du signe sacré qui fait le soldat de J.-C., créé des générations de prêtres, prêché l'Évangile et accompli les autres devoirs de notre ministère; nous devrons encore prier pour vous. Si nous avons reçu le pouvoir de sanctifier vos âmes, nous avons reçu en même temps celui de consacrer sur nos autels la victime Eucharistique : ce sont les deux grandes et inséparables fonctions du sacerdoce. C'est en prenant dans nos mains cette victime, que nous remplirons surtout le ministère de la prière, et que nous serons, avec N. S. J.-C., votre intercesseur et votre médiateur auprès de son Père. C'est alors que nous le supplierons d'accorder aux pécheurs le repentir et le pardon, aux justes la persévérance, aux affligés la consolation, à ceux qui souffrent la patience, à tous le courage et la victoire dans le grand combat de la vie. Nous le prierons de protéger la France, afin qu'au milieu du mouvement qui emporte les nations vers des rivages inconnus, elle ne se laisse arracher aucune des gloires du passé, sans renoncer aux progrès de l'avenir, et qu'elle demeure la fille aînée de l'Église par sa foi et son dévouement au Saint-Siége. Nous prierons pour l'Empereur, afin que Dieu l'éclaire et le dirige au milieu des sollicitudes qu'impose toujours le gouvernement d'un grand empire; pour l'Impératrice, afin qu'il la conserve longtemps aux malheureux qu'elle soulage et à la France qui la respecte; pour le prince Impérial, afin qu'il le rende digne de ses destinées et de l'auguste Pontife qui a bénit son berceau.

IV.

Vous parlerons-nous, N. T.-C. F., dans cette effusion d'un premier entretien, de nos craintes et de nos espérances?

Nous sommes effrayés de la responsabilité qui va peser sur nous. Une seule âme vaut plus que des mondes; et combien d'âmes dont nous pouvons assurer ou compromettre le salut éternel! Il est vrai que, notre sacerdoce étant le même que celui de N.-S. J.-C., nous ne sommes que ses coopérateurs; qu'il agit avec nous, qu'il supplée à notre impuissance, qu'il peut même réparer nos fautes et accomplir, sans nous et malgré nous, ses desseins de miséricorde sur ses élus. Cependant nous ne sommes pas entre ses mains comme des instruments sans activité personnelle et sans liberté, comme les corps sans vie qu'il meut dans l'espace; nous sommes véritablement associés à son ministère; il exige notre concours; il subordonne ordinairement sa grâce à notre libre coopération; en un mot, les actes du sacerdoce sont les actes d'une activité morale, et le prêtre qui les accomplit, un agent responsable. Cette responsabilité fait la dignité du sacerdoce ; elle en fait aussi les dangers. Nous ne voulons pas affaiblir la crainte qu'ils nous inspirent, car cette crainte sera pour nous un aiguillon salutaire qui excitera notre vigilance et soutiendra notre dévouement.

Si notre faiblesse en présence de l'œuvre propre de notre sacerdoce fait naître dans notre âme de légitimes appréhensions, la vue des difficultés que nous aurons à surmonter les augmente encore.

Nous ne voulons pas, N. T.-C. F., médire de notre siècle. Nous connaissons assez l'histoire pour ne pas ignorer que la lutte du bien et du mal est aussi ancienne que le monde. L'Église catholique ne se nomme-t-elle pas elle-même l'Église militante ? Et cependant, qui oserait nier qu'elle traverse, de nos jours, une de ses épreuves les plus critiques ; que les attaques dirigées contre elle sont les plus propres à égarer l'opinion, à détruire la foi et à donner naissance à ces funestes préjugés qui enveloppent comme d'épaisses ténèbres les intelligences des hommes ? Ses ennemis les plus redoutables ne sont pas les propagateurs d'un matérialisme grossier ; car, si de pareilles doctrines portent le ravage dans un trop grand nombre d'âmes, le sens commun et la conscience des hommes qui prennent la vie au sérieux et qui ont souci de la dignité humaine, protestent énergiquement contre elles. L'Église, N. T.-C. F., a des adversaires plus habiles et plus dangereux ; ce sont ceux qui s'efforcent d'établir une opposition absolue et une hostilité irréconciliable entre la Religion et la science, entre les prescriptions chrétiennes et nos plus légitimes aspirations ; qui cherchent à mettre aux prises les choses les plus saintes et les plus enracinées dans le cœur de l'homme ; qui provoquent entre l'ordre civil et l'ordre religieux un combat dont les conséquences seraient redoutables à l'un et à l'autre ; ce sont enfin ces sophistes élégants qui, avec un langage bienveillant et pacifique, voudraient reléguer, avec honneur, l'Église hors de la société, comme Platon bannissait, en les couronnant de fleurs, les poëtes de sa République ; qui lui promettent leur respect et leurs hommages, si elle consentait à vivre calme et tranquille au-dessus de toutes les conditions humaines, à une élévation où elle serait, il est vrai, hors d'atteinte des révolutions temporelles, mais sans action sur les hommes et sans influence sur leurs destinées.

Voilà, N. T.-C. F., le grand péril de l'Église à notre époque. Son triomphe est assuré sans doute. Mais la victoire ne s'obtient que par le combat, et le combat fait des victimes. Nous sommes jetés dans la mêlée, et nous devrons rendre compte à Dieu des âmes qui se perdront parmi celles dont le salut nous est confié.

Ce qui nous rassure, c'est le puissant appui que trouvera notre faiblesse dans nos vénérables frères de l'Episcopat français. Nous comptons parmi eux d'illustres modèles ; leurs exemples nous guideront et nous soutiendront. L'accueil bienveillant qu'ils ont daigné nous faire lorsque nous avons été appelé à partager leur dignité et leur responsabilité, les témoignages particuliers de sympathie et d'estime que quarante d'entre eux ont bien voulu nous donner, nous assurent qu'ils ne nous refuseront jamais les conseils de leur expérience.

Nous comptons beaucoup sur le vénérable chapitre et sur le clergé de Bayeux. Combien de fois nous nous sommes réjoui en entendant l'éloge de leurs vertus sacerdotales ; combien de fois nous avons remercié la Providence de ce qu'en nous imposant le fardeau de l'Episcopat, elle nous avait préparé de si dignes coopérateurs. C'est sur eux surtout que reposent nos espérances ; car c'est par eux et avec eux que nous exercerons sur vos âmes, et par conséquent dans l'Eglise, l'action puissante de notre sacerdoce. Aussi nous les aimons déjà comme des frères d'armes préparés à partager nos combats et nos victoires. Nous désirons que l'esprit même de de N. S. J.-C. forme entre eux et nous une sainte et inaltérable union dans l'unité de son sacerdoce.

Nous comptons aussi, N. T.-C. F., sur tant de communautés religieuses que la foi et la piété ont fait naître et prospérer parmi vous ; qui vous protégent par l'austérité de leur vie et la ferveur de leurs prières, qui vous édifient par leurs exemples, et qui remplissent le diocèse par les œuvres de leur infatigable charité.

Nous comptons sur le concours bienveillant d'une administration éclairée et d'une magistrature respectée et digne de l'être ; sur votre bon esprit, N. T.-C. F. et sur votre respect traditionnel pour vos prêtres. Les magnifiques églises, bâties par vos pères, et encore debout, ne seront pas un témoignage mensonger de votre foi et de votre religion.

Lorsque, N. T.-C. F., le vénérable cardinal Morlot, de sainte mémoire, nous eut fait l'honneur de nous confier la direction de l'École des Carmes et de l'église patronale de Sainte-Geneviève, notre première pensée fut de nous rendre auprès du vénéré Pontife de Rome pour déposer à ses pieds l'expression de notre respectueux et filial dévouement, et pour le prier de bénir notre nouveau ministère. Nous n'oublierons jamais ses encouragements et ses conseils. Aujourd'hui ce dévouement doit grandir avec nos obligations et avec notre responsabilité. Pie IX est le chef souverain de l'Eglise ; il l'est plus immédiatement des Evêques ; de là, pour eux, l'obligation de s'attacher plus étroitement à sa personne, de se réjouir de ses joies, de s'affliger de ses tristesses, afin qu'il soit vraiment, comme il doit l'être, le centre de l'unité catholique, de cette unité vivante qui est à la fois la beauté et la puissance de l'Eglise.

Ce devoir est bien plus sacré aux jours de l'épreuve ; les Évêques doivent l'accomplir avec une fermeté plus grande, une abnégation plus absolue, et se faire les défenseurs de tous les droits du Saint-Siége, droits divins et humains, spirituels et temporels, qui sont les droits mêmes de l'Eglise et par conséquent de l'Épiscopat.

Nous savons, N. T.-C. F., que l'accomplissement de ce devoir nous sera plus facile au milieu de vous. Nous connaissons votre fidélité affectueuse et dévouée à notre Père commun, et nous en bénissons Dieu. Vous persévérerez dans votre piété filiale à son égard ; vous ne vous lasserez pas des sacrifices généreux qu'elle vous inspire ; vous prierez N. S. J.-C. d'abréger ses épreuves et de hâter son triomphe ; tous ensemble vous vous presserez autour de sa personne sacrée, non pas comme une multitude confuse, comme le peuple de nos grandes cités, lorsque le souffle des révolutions le soulève, mais, dans une belle ordonnance, comme une armée rangée en bataille, comme les tribus autour de l'Arche sainte, toujours unis à vos pasteurs, toujours votre Evêque à votre tête.

A ces causes

Et pour attirer sur nous et sur notre ministère les bénédictions du ciel, le saint nom de Dieu invoqué,

Nous avons ordonné et ordonnons ce qui suit :

Article premier.

Le dimanche qui suivra la réception de la présente lettre pastorale, on chantera, dans toutes les églises et chapelles de notre diocèse, avant la messe paroissiale, ou avant celle qui en tiendrait lieu, le *Veni creator* et le *Sub tuum præsidium* avec les versets et oraisons correspondants. Le même dimanche, à l'issue des vêpres, on donnera la bénédiction solennelle du Saint Sacrement.

Art. ii.

On continuera de faire les prières prescrites par notre vénérable prédécesseur pour le Souverain Pontife.

Art. iii.

Pendant neuf jours, à dater de la présente ordonnance, tous les prêtres diront à la sainte messe la collecte et post-communion *In die ordinationis episcopi.*

Art. iv.

Les fidèles et les personnes vivant en communauté sont invités à faire dans la même intention des prières, des communions et autres bonnes œuvres.

Art. v.

Nous maintenons les pouvoirs accordés aux prêtres de notre diocèse par notre vénérable prédécesseur et par MM. les vicaires généraux capitulaires.

Et sera la présente lettre pastorale lue dans toutes les églises et chapelles de notre diocèse, le dimanche qui en suivra la réception.

Donné à Paris sous notre seing et le sceau de nos armes le 1ᵉʳ mai 1867.

† **FLAVIEN**, *évéque de Bayeux et Lisieux*.